楽しい調べ学習シリーズ

図書館のひみつ

本の分類から司書の仕事まで

[監修] 高田高史

PHP

いろんな資料で調べられる！
図書館に行こう！

わたしたちの住む地域にある図書館。図書館に行けば、たくさんの本を読んだり、調べものをしたりすることができます。

① 何万冊もの本がおさめられている！

図書館には、何万冊もの本が置かれています。そのなかには、小説や、調べものに役立つ図鑑や事典といった資料もあります。
何か疑問に思ったことがあったら、図書館へ行って調べてみましょう。

→ 12、14ページへ

多くの書架が並び、その中に本がおさめられている。

② 検索機で目的の本を探せる！

タッチパネルで操作しやすくなっている検索機もある。

図書館には多くの本があるので、自分が読みたい本や、調べたいことが書かれた本がどこにあるか、ぱっと見ただけではわかりませんね。

そんなときは、検索機を使えば、目的の本がどこにあるかを調べることができます。

→ 44ページへ

③ 調べものを助けてもらえる！

どんな本を見れば、知りたいことを調べられるのかわからないときなどは、司書に相談しましょう。

司書とは、図書館や本についての、専門的な知識をもっている人です。

→ 36、52ページへ

利用者の調べものを手助けするのが、司書の大切な仕事だ。

もくじ

※図書館によって、利用のしかたやサービスは異なります。くわしいことは利用する図書館にお問い合わせください。

いろんな資料で調べられる！ 図書館に行こう！ ……………………………………………2

〈はじめに〉 新たな知識に出合える場所 ………………………………………………6

パート1 図書館施設や書架のひみつ

図書館には種類がある ………………………………………………8

図書館内のようす ………………………………………………10

調べものに役立つ本 ………………………………………………14

本以外の資料もある ………………………………………………16

図書館に本が置かれるまで ………………………………………………18

本が並べられるルール ………………………………………………20

バーコードの役割 ………………………………………………22

子どもが使いやすい児童書コーナー ………………………………………………24

図書館で使われる道具 ………………………………………………26

こんな図書館、見つけたよ！ 特定の分野の本をそろえた図書館 ……………………28

パート2 図書館で働く人とその仕事

- 図書館の一日 ……………………………………………………………… 30
- 図書館員のさまざまな仕事 ……………………………………………… 32
- 図書館の専門家・司書 …………………………………………………… 36
- 図書館で行われる行事 …………………………………………………… 38
- こわれた本の修理 ………………………………………………………… 40
- こんな図書館、見つけたよ！ 世界と日本のすごい図書館 ………… 42

パート3 図書館を利用するコツ

- 図書館の本を検索する方法 ……………………………………………… 44
- 本を上手に見つけるコツ ………………………………………………… 48
- レファレンスサービスを利用する ……………………………………… 52
- 本の借り方、返し方 ……………………………………………………… 54
- 別の図書館から本を取り寄せる ………………………………………… 56
- プライバシーと著作権の決まり ………………………………………… 58
- 図書館ではルールやマナーを守ろう …………………………………… 60

- 50音順さくいん ………………………………………………………… 62

はじめに

新たな知識に出合える場所

　みなさんは図書館といわれて、どんな場所を思いうかべますか。多くの方は、近くにある地域の図書館を思いうかべるでしょう。でも、それは図書館の一部にすぎません。ひとつひとつの図書館には、個性や役割があります。

　みなさんは図書館に、何をしに行きますか。物語や小説を借りる方が多いかもしれません。でも、図書館の持ち味はそれだけではないのです。興味のあることを自分なりに調べていくと、生活に役立つことがわかったり、新しい世界に出合えたりすることもあります。

　そうした図書館を支えているのが、司書という仕事に就く人たちです。司書は、みなさんに図書館を活用してもらいたいと、多くの工夫をしながら働いています。

　この本では、図書館の仕事や役割、司書の姿を、日ごろは見られない図書館の裏側を交えて紹介しています。

　そして、この本を読んだら、ぜひ図書館に行ってみてください。今までとはちがった図書館の魅力に気がつき、図書館を使いこなせるようになっているはずです。

司書　高田 高史

パート1
図書館施設や書架のひみつ

図書館には種類がある

本を借りたり、本で調べたりできる図書館には、それぞれの図書館によってちがいがあります。ある分野の本をそろえる図書館など、ユニークな図書館もあります。

学校図書館のほかに、いろいろな図書館がある

　小学校、中学校、高校にはかならず図書館がありますね。これは、学校図書館と呼ばれています。
　ほかにも、日本のすべての本を集める国立国会図書館や、専門分野の本をそろえている専門図書館、大学生の課題や研究に役立つ大学図書館などがあります。
　みなさんがよく利用する、市や町などの図書館は公共図書館と呼ばれています。
　ある図書館に本がない場合、ほかの図書館からその本を取り寄せるなどして、図書館どうしが協力し合っています（→56ページ）。

小・中学校には、かならず図書館がもうけられている。

都道府県立や市区町村立の図書館は公共図書館

公共図書館。利用しやすいよう、明るい雰囲気の図書館が多い。

　公共図書館のうち、都道府県立の図書館は都道府県が、市区町村立の図書館は市区町村が運営しています。
　都道府県の図書館には、市区町村の図書館をサポートする役割があります。たとえば、古い地図や郷土資料といっためずらしい資料を保管したり、都道府県立図書館の本を市区町村の図書館を通じて利用者に貸出したりしています。
　公共図書館は、税金で運営されており、図書館についての法律「図書館法」の「無料の原則」によって、無料で利用できるようになっています。

国のすべての本を集めている国立国会図書館

国立国会図書館は、国が運営する図書館で、日本で出版されているすべての本を集めて保管するという特別な役割を担っています。

国立国会図書館には、東京本館と関西館があります。18歳以上の人ならだれでも利用できますが、本を借りることはできません。

国立国会図書館の支部図書館である、「国際子ども図書館」は18歳未満の人でも利用できます。

東京本館と関西館、国際子ども図書館で、1000万冊以上もの本があります。

日本で出版されたすべての本が集められる、国立国会図書館。

特定の分野の本を集める専門図書館

国際子ども図書館には、日本語だけで27万冊以上（2015年3月時点）もの本がある。

あるひとつの専門的な分野について、資料を集中的にそろえている図書館を、専門図書館といいます。

たとえば、国際子ども図書館は、児童書を集める専門図書館です。

ほかにも、マンガを集めている「京都国際マンガミュージアム」や、食べ物に関する本をあつかう「味の素食の文化ライブラリー」などが有名です。

専門図書館には、有料の場合や利用に制限がある場合があります。

図書館が家の近くに来てくれる！便利な移動図書館

近くに図書館がない地域には、職員と本を大型自動車にのせた、移動図書館が来ます。たとえば、横浜市の移動図書館「はまかぜ号」は、月に2回、いくつかの決まった場所を巡回しています。

中に本棚がある車が、決まった日時にやってきて、利用者は貸出サービスを受けられます。利用者カードは、地域の図書館と共通の場合が多いようです。

車の中に本が積まれた移動図書館「はまかぜ号」。

図書館内のようす

図書館は、さまざまな本を読んだり、借りたり、調べたりできる施設です。利用者が使いやすいように、図書館ならではのコーナーや設備をそなえています。

📖 図書館の中をのぞいてみよう

わたしたちがくらす地域にある公共図書館。このイラストは、ある町の図書館の中のようすを表しています。書架のほかにも、さまざまなコーナーがあります。

郷土資料コーナー
→ 15ページ

コピー（複写）機
→ 13ページ

一般書コーナー
→ 12ページ

カウンター
本の貸出や返却業務を行っています。司書が、利用者の質問に答えたり、調べものや調査をするときに相談にのってくれたりします。
調べもの専用のカウンターや、児童コーナーにカウンターがもうけられている図書館もあります。

インターネットコーナー
→ 13ページ

検索機
図書館専用の検索機で、本を探すことができます。

新刊コーナー
図書館に新しい本が置かれるとき、利用者にその本を知ってもらえるよう、専用のコーナーにしばらく置いておきます。

おすすめの本コーナー
図書館員が「図書館のおすすめ」として、専用の企画コーナーをもうけることがあります。そのときに話題になったできごとや、季節にちなんだ本を特集するなど、新たな本と出合えるチャンスをつくってくれます。

児童書コーナー
おもに子どもが利用するコーナー。座ったり、はって移動したりできるように、たたみやじゅうたんをしいたスペースがあります。

書庫
利用の少なくなった本や貴重な本を保管する書庫があります。利用者は書庫に入れません。書庫にある本は、図書館員が持ってきてくれます。

閲覧席
→ 12ページ

新聞コーナー
→ 12ページ

雑誌コーナー
週刊誌や月刊誌、専門分野に関する雑誌も読むことができます。

パート1　図書館施設や書架のひみつ

一般書コーナー

図書館の、本が並べられている本棚を「書架」といいます。

書架には、文学や歴史、自然科学、産業、芸術、スポーツなどの本が、分野ごとにまとめて置かれています。

料理や健康など、生活に役立つ実用書がまとめて置かれていることもあります。

だれでも読んだり借りたりできますが、大人向けの本が中心です。

一般書コーナーには、多くの書架が並んでいる。

閲覧席

本を読んだり、ものを書いたりするための、いすと机が並ぶ。

図書館の本を読んだり、調べたことをノートに書いたりする場所です。

ひとり分ずつ区切られた机がある図書館もあります。図書館によっては、座席数がかぎられているので、閲覧席の整理券を発行するところもあります。

荷物を、コインロッカーに預けられる図書館もあります。

新聞コーナー

新聞コーナーには、朝日新聞や毎日新聞、読売新聞など、全国で流通している新聞や、その地域の新聞が置かれています。

図書館によっては、その日に発行された新聞を、読みやすいようにななめにかたむいた台で、広げて読むことができます。

過去の数カ月分の新聞を専用ホルダーにとじて読めるようにしている図書館もあります。

新聞を広げて読みやすいように、ななめになった台。

📕 コピー（複写）機

本のコピーをとりたいときに有料で利用できます。

図書館の本や資料は、「著作権法」という法律によって、コピーできる範囲が決められています。そのため、何でも自由にコピーできるわけではありません（→59ページ）。

図書館によっては、コピーする際に指定の申し込み用紙に記入が必要など、決まりがあります。その図書館のルールを確認してからコピーしましょう。

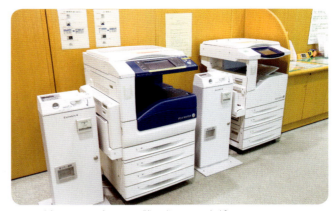
コイン式のコピー機は、お金を入れると使用できる。

📕 インターネットコーナー

数台のパソコンが並ぶインターネットコーナー。

図書館には、インターネットを利用できるコーナーもあります。

席があまり多くないので、ひとりの1回の利用時間が決められている図書館がほとんどです。利用時間を制限することで、たくさんの人が順番に使えるようにしています。

メールを送受信したり、チャットに書きこみしたりできないなど、使える機能が制限されていることもあります。

のぞいてみよう！ データベースでまとまった情報を見られる

パソコンで各種のデータベースを利用できる公共図書館もあります。整理された情報を、キーワードなどで検索できるので、調べものに便利です。

データベースの種類はさまざまで、新聞や雑誌の記事、百科事典、法律の情報などを対象としたデータベースがあり、各図書館で導入しているデータベースはちがいます。使い方がわからないときは、司書に聞きましょう。

パソコンを使って、検索、閲覧できる。

調べものに役立つ本

図書館には、何かを調べるときに役立つ、事典や図鑑、白書といった、さまざまな種類の本が置かれています。

読みものから百科事典、図鑑まである

図書館では、小説などで読書を楽しむことができますが、それだけではありません。

図書館には、調べものに役立つ事典や図鑑、年鑑、統計資料、白書、言葉の意味を調べられる国語辞典などもあります。これらの本は、参考図書としてまとめて置かれていることもあります。

ほかにも、地図などが置かれています。図書館によっては、その図書館がある市区町村の、むかしの地図や現代の地図を見ることもできます。

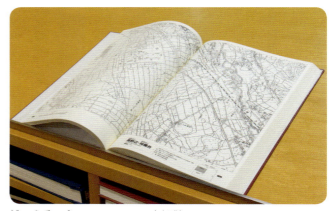
古い地図を見ることができる図書館もある。

調べものの入口となる事典や図鑑

子ども向けの百科事典や図鑑も置かれている。

「事典」とは、事がらを表す言葉を集めて、そのひとつひとつについて、解説している本のことです。調べものをするときは、はじめに事典を使って、事がらの基本的な内容を調べるとよいでしょう。

一般に「事典」は事がらの内容を説明した本で、「辞典」は言葉の意味が書かれた本と区別されています。

事典には、人名事典や地名事典、文学事典など、分野ごとにまとめられたものがあります。また、社会、歴史、自然科学、スポーツなど、あらゆる事がらについて解説している「百科事典」があります。

ほかにも、さまざまなテーマについて写真や図でくわしく解説している「図鑑」もあります。

調査結果がまとめられた、年鑑、統計資料、白書

図書館には、調査結果がまとめられた本も置かれています。

「年鑑」もそのひとつです。これは、あることがらについて、1年間のできごとや調査結果などを解説した本で、定期的に出版されます。

各種の調査結果を表やグラフなどで示す「統計資料」も、図書館にあります。

ほかにも、政府などの機関が政治や経済、社会について調査したことをもとに、課題や展望をまとめ、国民に知らせる「白書」という報告書もあります。

さまざまな統計資料や白書がある。

地域の特色がわかる郷土資料コーナー

自治体などがまとめた歴史の本が並ぶ、郷土資料コーナー。

郷土資料の専用コーナーをもうけている図書館もあります。その地域の歴史や文化、行政、産業、市民生活、自然などについて、くわしく書かれた本を集めています。たとえば、都道府県や市区町村がまとめた歴史の本や、地元の人が郷土について調べた本などがあり、その地域ならではの情報が見つかります。

地元の発展につくした人や、その地域出身の有名人を紹介する展示をしている図書館もあります。

郷土資料は、その地域にとって大切な情報です。なかには、入手しにくい資料も多いので、貸出できないこともあります。

貸出ができない本がある

図書館には、背表紙に「禁帯出」や「館内」などのラベルがはられている本があります。

これらの本は、借りて図書館の外に持ち出すことができません。図書館の中だけで利用しましょう。図書館によっては、はられているシールの表示がちがったり、館内のみで利用できる資料をまとめたコーナーをつくっていたりします。

持ち出せない本には、事典や辞典、統計資料、地図などがあります。調べものをする利用者が、いつでも館内で使えるようにしているのです。

事典などの背表紙に「禁帯出」などのラベルがはられている。

本以外の資料もある

図書館には、本以外にも雑誌や新聞、CD、DVDなども置かれています。図書館にある、本や雑誌、CDなどはまとめて「資料」と呼ばれます。

小説や事典などの本だけでなく、雑誌も読むことができる。

📕 さまざまな雑誌が置かれている

図書館では、たくさんの種類の雑誌も読むことができます。多くの図書館では、最新号の表紙が見えるように並べられ、過去に発行されたバックナンバーは近くに置かれていたり、書庫で保管されたりしています。

定期的に発行される雑誌は、最新号を貸出せず、バックナンバーのみ貸出している図書館もあります。

最新号を貸出しないのは、多くの利用者に手にとってもらえるようにするためです。雑誌で欠けている号があると、利用者が雑誌をまとめて読むことができないので、雑誌の貸出自体をしていないこともあります。

雑誌の最新号は、館内で読むことができる。

📚 CDやDVDも楽しめる

本や雑誌、新聞以外の資料が置かれている図書館もあります。

たとえば、音楽や朗読、落語などのCDや、映画や記録映像などのDVDが置かれています。視聴覚コーナーがあれば、CDを聴いたり、DVDを見たりすることもできます。図書館内での利用のみの場合と、本と同じように貸出ができる場合があります。

ほかにも、目の不自由な人が利用できるように、点字図書や、本を朗読した録音図書を置いている図書館もあります。

所蔵されているCDやDVDなどを視聴できる図書館もある。

📚 本や雑誌の付録CD - ROM

CD-ROMが別に保管されている場合、図書館員に聞いてみよう。

本や雑誌には、付録にCD - ROMやDVDなどの電子媒体がついているものがあります。本体が電子媒体で刊行されている資料もあります。

本といっしょに書架に並べている図書館もありますが、破損や紛失につながることも多いので、本とは別の場所に保管する図書館もあります。使用する場合は、カウンターで聞いてみましょう。

電子媒体によっては、貸出をせず館内での利用に制限されているものもあります。

のぞいてみよう！ 過去の記事を読める 縮刷版とデータベース

新聞は、社会の出来事を広く知ることができる定期刊行物ですが、かさばるため、たくさん保管できないという難点があります。そこで、1カ月分の新聞を縮小してまとめた「縮刷版」を置いている図書館もあります。

過去の記事は、データベースで見ることができる図書館もあります（→13ページ）。データベースの記事はパソコンで閲覧します。

縮刷版は、1冊で1カ月分の新聞を見ることができる。

パート1　図書館施設や書架のひみつ

図書館に本が置かれるまで

図書館の本は、どのように選ばれて、書架に並べられるのでしょうか。本が図書館に届いて貸出されるまでにも、さまざまな作業が行われています。

📕 本は書店から運ばれて、書架に並べられる

図書館は、館内に蔵書する本を書店や業者から買っています。
どの本を買うかは、週に1回など定期的に「選書会議」（→32ページ）で話し合って、図書館員が決めます。本をあつかう業者から提供される新刊情報や書評、利用者のリクエスト、見本の本などを参考に選ばれます。

選書会議で買う本が決まったら、書店や業者に本を注文します。

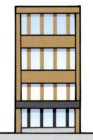

書店や業者は、注文された本を準備します。本はダンボールなどにつめられて、図書館まで届けられます。

図書館

本が届いたら、図書館員は注文どおりに本や雑誌がすべてそろっているか、ぬけているページがないかなどを確認します。

　新しく入った本を図書館の蔵書として利用者に貸出できるように「整理」と「装備」を行います。
　整理は、バーコードやICタグをつけて、コンピュータに本の情報を登録する作業です。装備は、蔵書印などをおしたり、背表紙に書架の場所を示すラベルをはったり、本がよごれないようにフィルムのカバーをかけてコーティングしたりする作業です。こうした作業を、書店や業者などに依頼する図書館もあります。

　新しい本の整理と装備が終わったら、いよいよ書架に本を並べます。
　新しい本は、利用者に広く知ってもらえるよう、図書館員がリストにして掲示したり新刊コーナーに置いたりします。

本が並べられるルール

図書館には、何万冊もの本が置かれています。そのなかから目的の本を探すことができるのは、ルールにそって本が並べられているからです。

テーマごとに書架に並べられている

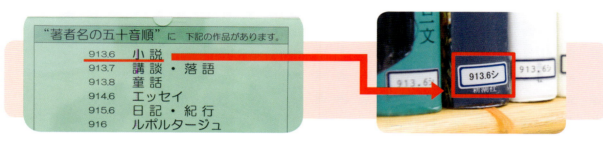

図書館では、本がテーマごとに分類されて並べられています。

分類のひとつに「文学」があります。「文学」は、たいてい「日本文学」と「外国文学」に分けられて、書架に大きく表示されています。

日本文学は、さらに細かく詩歌（詩や俳句など）や小説などに分けられていることもあります。

書架には本の内容といっしょに番号が書かれています。本の背表紙にはられたラベルにも、番号が書かれています。

同じ書架のなかでは、書架の上の段の左から右へと順に並べられます。いちばん右まで行ったら、次の本はその下の段の左からという順です。いちばん下の段のいちばん右まで行くと、今度はとなりの書架のいちばん上の段に移って、同じように左から右、上から下へと並べられています。

大きな本は、書架のいちばん下の段や、別の書架に置かれています。書架のひとつのまとまりを「1連」といい、「1連、2連」と数えます。

本の内容を表す分類番号

請求記号の例

- 913 — 分類番号
- ア — 図書記号（著者名の頭文字が書かれている。）
- 1 — 巻冊記号（シリーズの番号が書かれている。）

※図書館によって、表記は異なります。

本の背表紙のラベルには、本の住所を示す「請求記号」がつけられています。そのなかの3けたの数字は、「日本十進分類法（NDC）」で決められた「分類番号」で、日本のほとんどの図書館で、共通で使われています。

分類番号は、1けた目が「類」、2けた目が「綱」、3けた目が「目」で、それぞれ10ずつに分けられています。たとえば、「913」は「キュウイチサン」と読み、小説や物語の分類です。

もっとくわしく、「913.6」（日本の近代の小説）のように分けられることもあります。反対に、冊数が少ない児童書などは、2けたまでしか使われないこともあります。

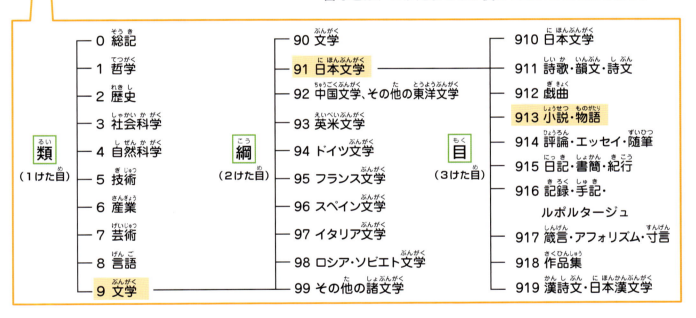

類（1けた目）		綱（2けた目）		目（3けた目）	
0	総記	90	文学	910	日本文学
1	哲学	91	日本文学	911	詩歌・韻文・詩文
2	歴史	92	中国文学、その他の東洋文学	912	戯曲
3	社会科学	93	英米文学	913	小説・物語
4	自然科学	94	ドイツ文学	914	評論・エッセイ・随筆
5	技術	95	フランス文学	915	日記・書簡・紀行
6	産業	96	スペイン文学	916	記録・手記・ルポルタージュ
7	芸術	97	イタリア文学	917	箴言・アフォリズム・寸言
8	言語	98	ロシア・ソビエト文学	918	作品集
9	文学	99	その他の諸文学	919	漢詩文・日本漢文学

のぞいてみよう！ 海外でもっとも多く使われている分類法

海外の図書館では、アメリカ人のメルヴィル・デューイという人が1870年代に考案した、「デューイ十進分類法（DDC）」が、多く使われています。NDCは、森清という人が、昭和初期にDDCを参考にして発表したものです。

NDCは、項目などが見直され、2014年に新訂10版が日本図書協会から刊行されています。

NDC		DDC	
0	総記	0	総記
1	哲学	1	哲学
2	歴史	2	宗教
3	社会科学	3	社会科学
4	自然科学	4	言語
5	技術	5	純粋科学
6	産業	6	技術
7	芸術	7	芸術
8	言語	8	文学
9	文学	9	地理・歴史

NDCとDDCでは、分類の番号と項目にちがいがある。

バーコードの役割

本や利用者カードにつけられているバーコード。バーコードを使うと、本の情報などを、パソコンですばやく見ることができます。

バーコードリーダーをかざすと、その本のタイトルや著者などの情報が表示される。

📕 貸出の情報をすぐに読み取れる

図書館の本と利用者カードには、それぞれ固有の番号があたえられています。

本の番号からは、本のタイトル、著者、刊行された年、出版社、内容紹介、本が置かれている場所などがわかります。

本のこうしたデータは、図書館員がすべて入力するわけではありません。多くの場合、「MARC」という本の共通データを、その図書館のコンピュータシステムに取りこんで、本の番号と結びつけているのです。

利用者カードの番号からは、利用者の名前や住所などのほかに、現在借りている本の情報と返却期限などがわかります。

ただし、今までに借りた本の履歴は、返却とともに消されています（→58ページ）。

本やカードの番号は、おもに「バーコード」を使用しています。「バーコードリーダー」という機械をバーコードにかざすと、番号がコンピュータへと入力されます。

蔵書の管理もバーコードで

バーコードは、本の貸出や返却の手続きで利用されるだけでなく、本がきちんと図書館の決められた書架にあるかどうかを確認する「蔵書点検」にも使われています。

蔵書点検は、たいてい年に1回程度、図書館を閉館して行います。そして、書架にある本の情報を1冊ずつバーコードリーダーで読み取っていくのです。

すべての本の読み取りを終えたら、データを見て、所定の場所にない本がどれかを特定していきます。

バーコードを使い、本が所定の場所にあるか確認する。

本の管理に便利なICタグ

ICチップやアンテナがうめこまれたICタグ。

バーコードではなく、ICタグを使っている図書館もあります。ICタグとは、情報を登録してあるICチップやアンテナがうめこまれた、ラベルやシールのことです。

板のような「ICタグリーダー」の上に、本を複数置けば、いちどですべての本の情報を読み取ることができます。1冊ずつ読み取るときのような手間がかからず、貸出手続きが楽に行えます。ICタグなら、バーコードよりも蔵書点検がかんたんにでき、本がちがう書架に置かれているのも、すぐにわかります。

のぞいてみよう！ コンピュータのおかげで手続きが早くて楽に

現在、図書館は貸出状況をコンピュータで管理しています。コンピュータがなかった時代には、手書きのカードを使って貸出手続きをしていました。

利用者のカードにスタンプで日付をおしたり、本のカードを利用者のカードにはさんで並べたりしなければなりませんでした。手続きに時間がかかり、貸出や返却が今よりもずっとたいへんでした。

以前は、手作業で本を管理していた。

パート1　図書館施設や書架のひみつ

子どもが使いやすい児童書コーナー

赤ちゃんから小学生ぐらいまでの、子ども向けの本が置いてあります。子どもが楽しく使えるように、さまざまな工夫が見られます。

子どもが使いやすいよう、低い書架が並ぶ児童書コーナー。

📕 子どもにあわせた書架の高さや見出し

　児童書コーナーには、絵本や読みもの、紙しばいなど、子ども向けの本がたくさんそろえられています。
　一般書コーナーで使われる書架は段数が多く、上のほうの段は、子どもには手が届きません。そこで、児童書コーナーでは、子どもでも本を取り出しやすいように、書架の高さを2段か3段ぐらいと、一般書コーナーにくらべて低くしています。
　机やいすも、子どものからだにあわせて低くなっています。子どもが本に親しめるように、図書館によっては、くつをぬいで自由に座って本を読めるスペースもあります。
　低学年の子どもにもわかるよう、本の内容を示す書架の見出しが、ひらがなで表示されている図書館もあります。図書館員が、見出しを手書きでかわいらしくつくったり、イラストをかいたりする場合もあります。このように、児童書コーナーは明るく楽しい雰囲気になっています。
　書架の上に、ぬいぐるみなどを置いている図書館もあり、親しみやすさが感じられます。

子どもにわかりやすい書架

　ほとんどの図書館では、児童書も日本十進分類法（NDC）をもとに並べていますが、子どもにわかりやすいような表示や工夫をしている図書館もあります。たとえば、「きょうりゅう」「こんちゅう」など、子どもたちが興味をもちやすいテーマを目につきやすくしています。
　児童書は、子どもに伝わるようわかりやすい言葉で書かれていて、図や写真も多いので、中高生や大人が調べものをするときも参考にすることができます。

書架の表示がわかりやすくなっている。

中学生・高校生にはティーンズコーナー

進学などに役立つ情報も得られる。

　10代向けのコーナーをもうけている図書館も、たくさんあります。図書館によってちがいますが、「ティーンズコーナー」や「ヤングアダルトコーナー」などと呼ばれています。
　進路や学校行事、仕事に関する本など、10代の利用者の悩みや興味に答えられるように、本の並べ方が工夫されている場合もあります。
　また、中学生や高校生に人気のライトノベルを多くそろえている図書館もあります。

のぞいてみよう！ 赤ちゃんも本を楽しめる

　赤ちゃんや、そのお父さんやお母さんが利用しやすいよう、カーペットなどがしかれた図書館もあります。
　図書館によっては、赤ちゃんにミルクをあげる部屋や、赤ちゃんのおむつをかえる台のあるトイレなど、赤ちゃん連れの利用者のための設備が整っています。
　ほかにも、手ざわりのいい布でできた絵本を置いている図書館もあります。

くつをぬいで、親子で絵本を楽しめる図書館もある。

パート1　図書館施設や書架のひみつ

図書館で使われる道具

図書館では、ほかの場所では見られないような道具や、めずらしい設備が使われています。どんなものがあるのか、見てみましょう。

📕 本をたくさんおさめられる移動式の書架

本を保管するための書庫。ここでは、本の出し入れに必要な書架だけを動かして本を取り出せる、移動式の書架が使われていることもあります。

床にしかれたレール上を、車輪つきの書架が動きます。書架どうしの間に人が通るためのスペースが必要ないので、その分多くの本をおさめられます。

書架が電気で動く電動式や、ハンドルを回して書架を動かすハンドル式などがあります。地震のゆれに強い書架、人がはさまれないように書架の間に人がいるとセンサーが働いて事故を防ぐ書架など、安全性の高い書架もあります。

書架どうしがすきまなく並んでいるので、多くの本をおさめられる。

📕 バックナンバーを入れられる雑誌架

ピジョンボックスのとびらの部分には、最新号が並べられている。

雑誌コーナーに、とびら部分がポケットのようになっていて、雑誌の最新号の表紙が見られるようになっている雑誌架（雑誌専用の書架）を置いている図書館もあります。このような雑誌架は「ピジョン（ハト）ボックス」とも呼ばれています。箱形になっており、伝書バトの巣箱に似ているからです。

雑誌の最新号が入ったとびらを開けると、中には過去に発行されたバックナンバーが入っています。

本の移動で活やくするブックトラック

　何冊もの本をいちどに移動させるときに使われるのが、「ブックトラック」です。
　ブックトラックは、棚になっており、木やスチールなどでできています。車輪がついているので、本を楽に運ぶことができます。
　本を置く棚の部分が、水平になったものやななめになったものがあり、大きさも、小さいものから少し大きめのものまであって、種類はさまざまです。
　本を載せて運ぶだけでなく、本のかんたんな展示コーナーをつくるなどの応用ができます。

本を運ぶだけでなく、臨時の書架として活用されることもある。

本がなくなるのを出入口で防ぐ

貸出手続きをしていない本を持ってゲートを通ると警告音が鳴る。

　図書館の出入口には、ゲートが設置されていることがあります。これは、本の盗難や、手続きをせず持ち出されるのを防ぐための設備です。
　貸出の手続きがすんでいない本が図書館の外に持ち出されると、ゲートのセンサーが反応して、警告音が鳴ったり、ライトが光ったりします。
　貸出手続きがすんだ本は、センサーに反応しないように処理されているのです。

のぞいてみよう！ 文字が見えづらい人の読書をサポート

　拡大読書器は、小さな文字が見えづらい人のために、本の紙面をカメラなどで読み取り、数倍に拡大して、ディスプレイやモニターに映し出す設備です。
　ほかにも、ふつうの本よりも活字のサイズが大きくなっている「大活字本」を置いている図書館もあります。
　紙面の白と黒を反転したほうが読みやすい利用者もいるので、その利用者に対応した拡大読書器や本もあります。

文字や写真を大きく見せる拡大読書器と大活字本。

こんな図書館、見つけたよ！ 特定の分野の本をそろえた図書館

ひとことで「図書館」といっても、蔵書が多かったり、おもしろい資料を集めていたりと、特徴ある図書館が日本にはたくさんあります。

● 科学系の資料をそろえた神奈川県立川崎図書館

理科の自由研究に役立つ本がたくさんある。

神奈川県立川崎図書館は、自然科学や工学、産業関係の本や雑誌を専門的に収集する、全国でもめずらしい公共図書館です。研究をする大人向けの本や雑誌ばかりでなく、小中学生にもわかりやすい科学や技術の本を集めた「やさしい科学コーナー」もあり、1万2000冊以上を所蔵しています。

また、会社の歴史を記した社史は、全国でも有数のコレクションとして知られています。

● 布絵本などを集めたふきのとう文庫子ども図書館

民間の団体が運営する私立図書館では、公共図書館とはちがい、特定の分野の本だけを集めたり、サービスの提供をしたりするところもあります。布絵本などがたくさん置かれている、北海道の「ふきのとう文庫子ども図書館」は、子ども向けの本のみの図書館です。

ほかにも、博物館や美術館に行けば、関連したテーマの本を集めた図書室が併設されていることがあります。

絵本や布の絵本を多く集めるふきのとう文庫子ども図書館。
提供：ふきのとう文庫

パート2 図書館で働く人とその仕事

図書館の一日

図書館で働く人たちはどんな仕事をしているのでしょうか？　開館中の貸出や返却の受付のほかに、本の整頓など、開館前にしておく仕事もあります。

📖 図書館で働く人の一日の仕事

開館前

毎朝、開館までの間に、閉館中に返却ポストに返されていた本の返却手続きをして、書架にもどしたり、書架を整頓したり、新しい新聞や雑誌をセットしたりします。

かんたんなミーティングをして、仕事の伝達や確認をすることもあります。

その日の新聞を、新聞コーナーに置く。

開館前は、おもに返却ポストに返却された本や、前日までに処理しきれなかった本を整理する。

入口の開館準備をする。

開館中

カウンターで貸出や返却の受付などをします。

返却の受付を行う。

探している本の相談なども受けている。

本を返却していない利用者に電話で連絡することもある。

購入する候補の本のデータを確認している。

　カウンター以外の場所でも、仕事があります。返却された本を書架にもどしたり、事務室で仕事をしたりします。
　事務室では、利用者が予約した本が返却された場合に利用者に連絡したり、返却期限を過ぎても本が返却されない場合に、利用者に早く返却するように連絡したりします。ほかにも、図書館のホームページの更新、こわれた本の修理などの仕事があります。

図書館のホームページの更新をしている。

閉館

入口の自動ドアを閉める。

　閉館時間になると、利用者が館内に残っていないことを確認して図書館を閉めます。

パート2　図書館で働く人とその仕事　31

図書館員のさまざまな仕事

ここでは、図書館員の業務を紹介していきます。開館日だけでなく、休館日だからこそできる仕事もあります。

📚 カウンターでの仕事

カウンターでは、貸出や返却の手続きなどを行っています。

ただ、本を受け取ったり、わたしたりするだけでなく、返却された本がよごれたり、ページが破れたりしていないかなども、確認します。

ほかにも、利用者が本を借りるときに必要な、利用者カードの登録を行ったり、書庫から本を出す請求を受け付けたりしています。利用者が予約している本の処理や、図書館の利用案内、本の検索の手助け、利用者からの問い合わせへの対応などの仕事もあります。

バーコードで貸出する本の情報を読み取っている。

📚 購入する本を決める選書会議

図書館では、定期的に、図書館に置く本を決めるための選書会議を行っています。

新刊情報を集めた刊行物や、書店から送られてくる見本、出版社のカタログなどを見ながら、どれを買うか考えます。このとき、自分の好きな本を選ぶのではなく、話題のテーマの本や、基本的な知識が身につくような本、まだ蔵書されていないテーマの本などをバランスよく選ぶようにしています。

本の購入に使える金額は、年間で決まっているので、その配分も考えながら選んでいます。

購入する本を選ぶための見本。

いろいろな企画を考える

　図書館員の仕事は、ただ本を利用者に貸出するだけではありません。本や図書館の魅力を住民に知ってもらうようにすることも、大切な仕事のひとつです。
　そのため、図書館に今まで関心がなかった人にも来館してもらえるよう、講演会などの行事や、季節や話題のテーマに合った展示を行うこともあります。
　こうした企画は、担当者を中心に、会議をして決めています。

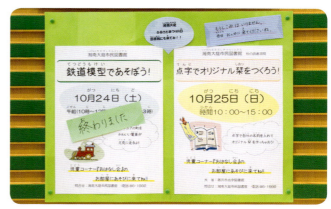
館内には、行事のお知らせなどがはられている。

図書館の活動を知ってもらう

図書館や地域からのお知らせが入口の近くにはられている図書館。

　図書館員には、図書館だよりやチラシをつくって、地域の人たちに図書館に興味をもってもらえるようにする仕事もあります。
　図書館だよりは、子ども向け、中学生・高校生向け、一般向けなど、対象ごとに作成することもあります。そして、図書館内だけでなく、地域の施設や学校などにも、ポスターをはったりチラシを置いてもらったりすることもあります。
　図書館のホームページでは、行事の告知や利用時間の案内などを見ることができます。ホームページの更新も、図書館員の仕事です。

 図書館を支える市民ボランティア

　図書館では、市民ボランティアの人が活動をサポートしていることもあります。ボランティアの人が、図書館員に代わって、子どもやお年寄り、障がいのある人たちの手助けができるよう、図書館の行事に参加したり、本を書架にもどしたりします。
　子どもたちへのおはなし会などは、こういったボランティアの人たちに支えられていることもあります。

目が不自由な人に、対面朗読などをする。

パート2　図書館で働く人とその仕事　33

休館日もいそがしい図書館員

図書館の休館日が、図書館員の休日だとはかぎりません。利用者がいない休館日に、書架の本の入れかえや、展示や各種コーナーの入れかえをしている図書館もあります。書架を動かすなど、大がかりな作業をすることもあります。

また、行事の準備や会議などもあります。

休館日とは別に、数日間、図書館を休館にして蔵書点検を行う図書館もあります（→23ページ）。

同じ地域の図書館に貸した本がもどされ、返却作業をしている。

各コーナーごとに担当者が会議をする

図書館では、それぞれのコーナーを数名ずつの図書館員が担当しています。たとえば、児童書コーナーの担当やヤングアダルトコーナーの担当がいます。

そのため、そのコーナーの担当者が集まって、本の展示のしかたなどについて、話し合いをします。このとき、どうすれば利用者に本を手にとってもらえるか、どのような本の企画展示をすれば興味をもってもらえるか、などを考えます。

コーナーの担当者で話し合って、展示方法などを考える。

 利用者の安全を守るため、地震や火事に備えた訓練

休館日の図書館では、地震や火事など、万が一の事態に備えて、利用者を避難・誘導する訓練もしています。

たとえば、大きな地震を想定した場合は「落ち着いてください。書架から離れてください。落下するものに注意してください。余震に注意してください」と声を出したりしています。火災を想定した場合には、避難経路や消火器の使い方などを確認しています。

災害時、利用者を安全に誘導するための訓練を行う。

利用者が使いやすいような工夫がたくさん

公共図書館では、利用者が本を手にとりやすい工夫、図書館を利用しやすい工夫がされています。

地域の特徴を生かした書架をつくっている図書館もあります。
たとえば、都市の郊外など、緑の多い地域では、家庭菜園やガーデニング、園芸などの本をまとめたコーナーをもうけるといった、地域に住む人の役に立つような工夫が見られます。

ガーデニングや家庭菜園など、「みどりの本」を集めたコーナー。

書架を使って小さな展示をしている。

大きな企画展示（→38ページ）を行っていなくても、利用者が本を手にとりやすい工夫が書架に見られます。
たとえば、本の表紙を見せたり、その本に関わる小物をいっしょに置いたりしている図書館もあります。こうすることで、本の背表紙しか見えない書架よりも、利用者の興味を引くことができます。

カウンターで貸出を行う際に、返却期限が書かれた期限票を利用者にわたす図書館もあります。
貸出手続きをしたときに、機械から出てくるレシートをわたす図書館もありますが、その図書館独自でつくった期限票をわたす図書館もあります。なかには、ひと目で返却期限がわかるよう、日付が目立つように表示されているものもあります。

返却期限を確認しやすくなっている期限票。

図書館の専門家・司書

司書は、探したい本をすぐに見つけてくれる図書館の専門家。本を探しやすいように整理したり、調べていることの答えにたどりつけるよう、案内してくれたりします。

司書は、利用者が本を探すのを手助けしてくれる。

探している情報にたどりつくための案内人

　図書館には、本に関する豊かな知識をもち、図書館に置かれている本についてよく知っている、「司書」と呼ばれる人がいます。
　司書の仕事のひとつは、利用者の手助けをすることです。利用者の探している本をどうやって探せばいいのかアドバイスをしてくれます。
　司書は、たよりになる図書館の専門家です。利用者が探している情報にたどりつけるよう相談にのるのも司書の仕事です。この司書の役割を、「レファレンスサービス」といいます（→ 52 ページ）。

本の探し方や、どんな本で調べればいいのかを教えてもらえる。

限られたスペースを有効に使う

書架はスペースがかぎられています。すぐに手にとれる書架に本が入らなくなった場合は、書庫に本を移します。

どの本を書架に並べて、どの本を書庫に置くのかを決め、本を入れかえるのも司書の仕事です。

書庫の本には、たとえば、利用する人が少なくなった本や、古くなった本のほか、大切に保管しておくための貴重な本があります。

もちろん、書庫の本もカウンターで請求して利用することができます。

利用や効率を考えながら、書庫に入れる本を決めている。

司書に必要な知識は図書館やコーナーによってちがう

働いている図書館の蔵書に関する知識や、利用者への対応能力が必要とされる。

司書に必要な知識は、仕事をする図書館によってちがいます。

公共図書館なら、さまざまな分野の本があり、大人から子どもまでたくさんの人が利用するので、幅広い知識が求められます。ティーンズコーナーを担当する司書は中学生らがよく使う本、子ども向けの図書館なら絵本や児童書、大学図書館なら大学生の勉強や研究に役立つ資料について知っていることが望まれます。

司書は、自分の働く図書館で求められる知識をたくわえておかないといけないのです。

司書になるには図書館司書資格が必要

司書の資格をとるには、大学在学中に資格を取得したり、一定の要件を満たして講習会を受講したりする方法があります。

ただし、資格をとったからといって、すぐに図書館で働けるわけではありません。図書館での働き方はさまざまですが、たとえば公共図書館で司書の専門職の公務員として働くには、採用試験に合格しないといけません。

司書になるには、資格取得のための勉強が必要。

パート2　図書館で働く人とその仕事

図書館で行われる行事

図書館では、本の貸出だけでなく、講演会やおはなし会などのさまざまな行事が開かれています。

季節に合った本や、図書館員が企画した内容の本が並べられる。

📖 おすすめの本を紹介する企画展示

　図書館では、定期的に企画展示などを行っています。テーマを決めて、そのテーマにそった本をまとめ、図書館の目立つ場所に展示するのです。
　たとえば、ノーベル賞が発表される時期には、ノーベル賞関連や受賞した人などの本を並べます。そうすれば、それらの本にふだんより多くの利用者が関心を向けてくれます。もし、日本人の受賞が決まったら、その受賞者の研究や業績に関する本を並べて紹介します。
　ひとりでも多くの利用者に手にとってもらえるよう、それぞれの図書館が工夫をこらした展示をしています。

利用者に手にとってもらえるよう、本を展示する。

本がもっと好きになる講演会

図書館では、さまざまな講師を招いた講演会を開いているところもあります。

講演のテーマは、郷土の歴史やビジネス、文学、趣味に関することなどさまざまです。専門家から、直接、話を聞くことで、講師が書いた本や、そのテーマの本への関心が深まります。図書館では、講演会の開催に合わせて関連する本のリストをつくったり、本を展示したりします。

科学の研究者と語り合える「サイエンスカフェ」というイベントを開く図書館もあります。

専門家から直接話を聞けるイベントのようす。

本を紹介し合う「ビブリオバトル」

参加者どうしが、おもしろいと思う本を紹介し合う。

「ビブリオバトル」というイベントをする図書館もあります。ビブリオバトルとは、参加者が自分がおもしろいと思う本を紹介し、どの本がいちばん読みたくなったかを参加者全員が投票し、1位を決めるゲームです。

参加者は、本を5分間で紹介します。その後2〜3分の質問時間をもうけます。参加者全員が同じように本を紹介した後、投票を行います。

図書館にある本の中からおすすめの本を選ぶなど、イベントとしても楽しめます。

本に親しむ おはなし会や工作教室

赤ちゃんのうちから本に興味をもってもらえるように、図書館員やボランティアが絵本や紙しばいの読み聞かせをする「おはなし会」を行っている図書館もあります。

ほかにも、夏休みなどに、本を参考にしながら、おもちゃや道具を手づくりする工作教室などを開いている図書館もあります。興味をもったら、関連する本を借りることもできます。

小学生などを対象に、工作教室が開かれる。

こわれた本の修理

図書館の本のなかには、ページがとれてしまったり、破れてしまったりするものもあります。それらの本は、図書館員が、読めるように修理しています。

ページがとれてしまった本も、図書館員が修理する。

図書館ではこわれた本を修理する

図書館では、こわれた本は修理してまた使えるようにします。ページが破れたからといってすぐに捨てないのは、図書館の本が「公共の財産」だからです。

修理は、専用ののりやテープを使って、図書館員が行います。もし、本のページがとれたりしたら、セロハンテープなどを使って自分で直さず、図書館員にこわれた場所を伝えましょう。

図書館には、もうどこにも売られていない貴重な本などもあります。図書館の本はていねいにあつかいましょう。

利用者のマナー向上のために、傷んだ本を展示する図書館もある。

図書館におさまりきらなくなった本

修理ができないほど傷んだ本は、図書館の蔵書から外すことがあります。これを「除籍」などといいます。
また、書架におさまりきらない本は、書庫に移すなどして、なるべくたくさんの本を保管しますが、書庫にも保管スペースがなくなってしまった場合、入りきらない本は除籍されることもあります。
書庫におさまらなかった本は、リサイクルフェアなどで、住民に無料で配布されることもあります。

古くなった本を、無料で配布する図書館もある。

デジタル化した資料は、いつでも閲覧できる

公共図書館で、国立国会図書館の資料を見ることができる。

公共図書館では、古い地図や写真などの郷土資料をデジタル化して保存することもあります。デジタル化することで、資料を傷めず、多くの人が閲覧することができます。
国立国会図書館では、著作権などに問題のない資料のデジタル化を積極的に進めています。そして、許諾を得た公共図書館などでは、館内のパソコンなどを使って、国立国会図書館がデジタル化した資料をいつでも見ることができます。

本にわく虫「紙魚」を退治するには？

本や衣類を食べてしまう「紙魚」という虫がいます。
紙魚の害を防ぐため、年に一度はむかしの和紙でできた本や書類を木の箱や蔵などから出して屋外に干す「虫干し」がされていました。
また、酸性紙という紙でつくられた本は、時間がたつとボロボロになります。そういった本は、酸を中和する薬などを噴霧し保存することもあります。

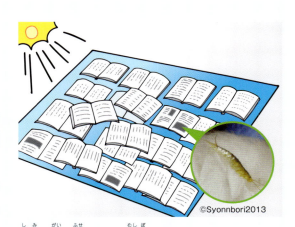
紙魚の害を防ぐため、虫干しをしていた。

パート2　図書館で働く人とその仕事

世界と日本のすごい図書館

こんな図書館、見つけたよ！

日本だけでなく世界にも、建物の外観や内装が美しい図書館、めずらしい資料を集める図書館などがあります。

● 世界のすごい図書館

イギリスの国立図書館である大英図書館。

世界には、建物が芸術的な図書館や貴重な本を置いている図書館があります。

たとえばイギリスには、モーツァルトなどの作曲家の直筆楽譜などがかざられている「大英図書館」があります。メキシコには、書架が宙にういたように並ぶ「ヴァスコンセロス図書館」、ブラジルには、ポルトガル語の古書を4万5000冊も保有し、堂どうとした雰囲気の「幻想図書館」があります。

● デザインがすぐれた日本の図書館

日本にも、美しい図書館があります。
石川県の「金沢海みらい図書館」は、壁の丸窓がすぐれたデザインだと評価され、2013年にイギリスのテレビ局が放送した「世界の素晴らしい公立図書館4館」のひとつに選ばれています。
また、傘形の天井が美しい秋田県の「国際教養大学中嶋記念図書館」は、「2014年度グッドデザイン賞」を受賞しています。

6000個もの丸窓がある金沢海みらい図書館。

パート 3

図書館を利用するコツ

図書館の本を検索する方法

たくさんの本のなかから、自分の探している本を見つけるにはどうしたらいいでしょうか？　図書館の検索機を使えば、知りたい情報に近づくことができます。

検索機を使って探す

キーボードやタッチパネルで項目を入力できる検索機。

ほとんどの図書館では、蔵書の情報をコンピュータで管理しています。その情報は、図書館に置いてある検索機でだれでも調べることができます。

本のタイトルがわかっている場合、タイトルを入力すれば、その本が図書館にあるかどうか、あるなら図書館のどこにあるのか、現在貸出中かどうか、借りることができる本なのかなどがわかります。

本のタイトルを入力して、検索する。

当てはまる本が表示される。

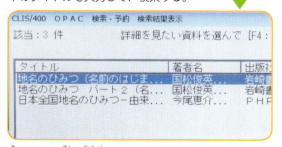

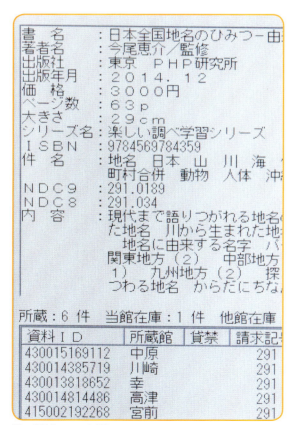
本の内容なども紹介されている。

　検索機には、本のタイトルや著者名、出版社名などをキーボードやタッチパネルで入力できます。
　入力して「検索」を押すと、図書館に所蔵されている、当てはまる本の候補が並びます。そのなかから目的の本を探していきます。

本のタイトルがわからないときの調べ方

本を探そうとしても、タイトルや著者名がわからない場合があります。そんなときは、調べたいことがらについてのキーワードを入力して検索します。キーワード検索をする場合は、自分が何を調べたいのかをはっきりさせることが大切です。

たとえば「自由研究」だと、範囲がとても広くなってしまいます。もし、「アサガオの育て方」や「カブトムシの飼い方」で自由研究を考えている場合は、「アサガオ」や「カブトムシ」をキーワードにすると、それらの言葉をデータにふくんでいる本が表示されます。

図書館にはたくさんの本があるので、キーワードがひとつだと、何百冊も候補が並ぶ場合があります。

そんなときは、「カブトムシ」と「図鑑」のように、キーワードをふたつ入力すれば、検索結果をしぼりこめます。

「カブトムシ　飼育」、「昆虫　図鑑」など、かけ合わせるキーワードを変えたり、キーワードを追加したりして、検索しましょう。ひらがな、かたかな、漢字など、入力する文字を変えると、検索結果が変わることもあります。

入力する項目を選択できる。

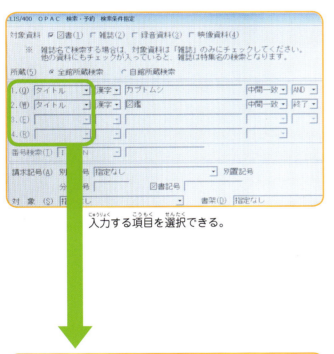

入力する項目は、自分で選択することができます。

タイトルや著者名、出版社名のほかに、件名（本のキーワード）やNDCでも検索できます。

検索結果をもっとしぼりこみたい場合は、出版年なども指定できます。指定できる項目は検索機によってちがうので、わからないことがあったら、司書に相談しましょう（→47ページ）。

パート3　図書館を利用するコツ　45

📚 本の状態やどこにあるのかがわかる

検索するとき、「地域の図書館から探す」など、自分が今いる図書館だけでなく、同じ市区町村や都道府県まで範囲を広げて探せることもあります。

また、検索の結果では、書架の場所や現在の状況も教えてくれます。たとえば、「貸出中」はすでに借りている人がいる状況です。

「閉架」と出た本は書庫にあるので、図書館員に出してきてもらいます。「禁帯出」は、図書館の外に持ち出すことはできない本です。図書館によって、検索機の表示は異なります。

「貸出中」など、本の状況を確認できる。

📚 刊行の新しい本から探す

検索結果の著者名や作品名を、五十音順に並びかえられる検索機もあります。

とくに便利なのが、出版年順です。最新の本や、流行の本を探している場合は、刊行された年を新しい順に並びかえると、探しやすくなります。

図書館によっては、その月に入った新しい本をまとめて表示できる場合もあります。ときどき、新しく入った本を見ておくのもよいでしょう。

検索結果を、本が刊行された順などに並べかえられる。

📚 操作がかんたんな、子ども用の検索機

タッチパネルになった、子ども用の検索機。

子ども用の検索機を設置している図書館もあります。子ども用といっても、児童書ばかりでなく図書館にある多くの本を探すことができます。ひらがなで表示されていることもあり、タッチパネルで操作できたりして、パソコンが苦手な人にもあつかいやすいでしょう。

ただ、タイトルと著者名、出版社名しか入力できないなど、検索できる項目などはかぎられているので、大人用の検索機を使ったほうが、よりくわしく調べられます。

家のパソコンから図書館の本を調べる

図書館のホームページからも、図書館にある本を検索することができます。その図書館にどんな本があるのかはもちろん、新しく入った本や、本が貸出中かどうかも、家のパソコンからすぐにわかります。

また、貸出中の本でも、図書館の利用者カードを持っていれば、インターネットで貸出の予約をすることができます。図書館が休館していても、予約は可能です。貸出中でない場合は、本を予約すれば、図書館で用意しておいてくれます。本の準備ができたら、メールなどで連絡してもらえます。

家のパソコンから、図書館の蔵書の確認や貸出の予約ができる。

レファレンスサービスを利用する

検索で困ったとき、司書に手助けしてもらえる。

検索機でも探している本を見つけられないときは、レファレンスサービス（→52ページ）を利用し、司書に相談しましょう。司書に聞く場合は、どんな本を読みたいのか、何を調べているのかなど、目的を具体的に伝えるようにしましょう。

司書は、利用者から聞いたことをもとに、検索機にどんな言葉を入力して検索すればいいのか、どの書架を探せば目的の本を見つけられるのか、などを教えてくれます。教えてもらった書架には、近いテーマの本もあるので、そのなかからも探してみましょう。

書架を見ているだけで新しい発見がある！

自分が何の本を読みたいのか、わからないときもあると思います。そんなときは、書架に並んだ本を見ながら、気になった本を手にとって見てみましょう。

興味のあることに関係する新しい発見があったり、これまで興味がなかったことでも、読んでみたらおもしろかったりということがあります。たくさんの本がある図書館だからこそ、新しい本と出合えるのです。

図書館に行けば、多くの本を手にとることができる。

パート3　図書館を利用するコツ

本を上手に見つけるコツ

検索機でキーワード検索をしても、何百冊もの候補が表示されることがあります。
本を上手に探すためには、さらに範囲をしぼって調べるとよいでしょう。

同じ分類の書架に近いテーマの本がある

図書館の本は、NDCという分類法で、本の内容によって分けられています（→21ページ）。

ですから、見つけたい内容の本が1冊見つかれば、その本と同じ書架に、近いテーマの本が並んでいます。

検索して出てきた本の分類が多いところから探してみるのが近道です。目的の書架に行ったら、近くに並んでいる本をいくつか見ながら、目次や索引で内容を確認していきましょう。

たとえば、「アサガオ」について調べたいとします。検索機で「アサガオ」と検索すれば本が表示されますが、植物の本ではなく、文学作品の題名かもしれません。また、「アサガオ」と書名になくても、いろいろな「花」を集めた本にアサガオが出ていることもあるでしょう。

そこで、分類から調べてみることにしましょう。植物のアサガオは、分類番号でいえば「4自然科学」のなかの「7植物学」がいちばん近そうです。

「47」の書架には、アサガオという植物が説明されている本があります。たとえば、サツマイモの仲間（サツマイモ属）であることや、つるを用いて成長すること、花の形がどのようになっているか、などが書かれています。

「4自然科学」には、「植物」に関連する本が置かれている。

「470植物」の棚で本を探してみる。

ちがう書架に、目指す本がある場合も

　NDCの分類法は、たくさんの本を探しやすいように、内容ごとに分けたものですが、なかには同じ内容に見える本が、別の書架に置かれていることがあります。

　アサガオの場合だと、植物としてのアサガオの分類は「47」になります。しかし、ガーデニングやお花農家など、「産業」としての「園芸」だと「62」になります。

　また、サクラは植物ですが、樹木です。樹木は、分類では「林業」の「65」になります。ひとつの分類だけでなく、ほかの分類の書架も見てみると、調べたいことのヒントが見つかるかもしれません。どの書架を見ればいいのかわからないときは、司書に聞いてみましょう。

同じ植物でも……

アサガオの育て方を調べる

62「園芸」の書架も見てみよう！

サクラという樹木について調べる

65「林業」の書架も見てみよう！

目次で本を見つける

　書架に並ぶ本の内容を知りたいとき、「目次」を見るといいでしょう。

　「目次」は、本の最初にある、どのページに何が書いてあるのかをわかりやすく案内するものです。何か調べものをしているときは、本の最初から最後まで目を通すのではなく、目次を見て必要なページだけを見ることができます。

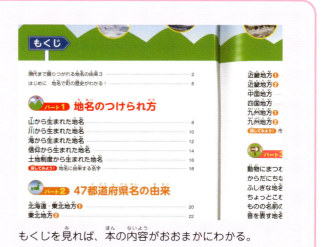

もくじを見れば、本の内容がおおまかにわかる。

パート3　図書館を利用するコツ

いろいろな書架から、たくさんの情報を集める

図書館で調べるときは、いろいろな分類を見るのがポイントです。

たとえば、京都について調べていくとき、神道や仏教なら「17」と「18」、歴史や地理なら「2」、建物なら「52建築」、京都の伝統的な産業なら「6」、芸術や美術なら「7」、京都の言葉なら「81日本語」、京都に関係する文学なら「9」ではじまる分類などと、調べていくことができます。

鴨川の名前の由来について知りたい

修学旅行で京都に行きました。街の中心を「鴨川」という川が流れていました。この鴨川について調べてみることにしました。

鴨川のかんたんな説明は、京都のガイドブックにも出ていました。図書館でガイドブックは「29地理」の書架に並んでいます。

司書に聞いてみたら、大人向けの本に、京都の地名をくわしく説明している事典があることもわかりました。

鴨川にいる鳥や魚のことを知りたい

鴨川で、きれいな鳥を見かけました。鴨川にはどんな鳥がいるのでしょうか。司書に相談しながら「48動物」の書架で、京都の生き物が出ている本や、川辺に住む鳥の本を探してみました。また同じように、魚が出ている本も探してみました。生き物の名前がわかったら、鳥や魚の図鑑も見てみることにしました。

鴨川にある橋について知りたい

鴨川には多くの橋がかかっていました。五条大橋では、牛若丸（源 義経）と弁慶が戦った伝説があるそうです。そのことについて、「21日本史」の本で調べることにしました。源 義経なら「28伝記」にも本があるかもしれない、と司書が案内してくれました。また、いろいろな伝説の本は「38風俗習慣、民俗学」にもあるそうです。

「38風俗習慣、民俗学」の棚を見ていたら、京都の四季の行事や風習をまとめた本も見つけました。鴨川に関係する事がらも書かれていそうです。

事典を使ってキーワードを探す

　図書館には、調べものコーナーがあり、百科事典やそれぞれのテーマの事典など、調べものをするときに役立つ本が置かれています。
　事典には、その事がらに関する説明がわかりやすくまとめられています。
　わからないことや調べたいことがある場合は、事典を調べると、どんな言葉をキーワードにすると検索しやすいのかわかるようになります。
　調べる事がらによっては、インターネットの情報を組み合わせてみてもいいでしょう。

事典から、本を検索するためのキーワードも探せる。

「参考文献」にもヒントがある

参考文献に書かれている本を、図書館にある本から探そう。

　最初に探した本や文章の後ろのほうに、「参考文献」が紹介されている場合もあります。
　本を書くときに著者が根拠とした本のタイトルなどを、参考文献として表示しているのです。
　参考文献は、その本の内容に関連した本なので、くわしいことが書かれていることもあります。さらに調べてみたいときは、それらの参考文献が図書館にあるか探してみましょう。内容が近いので、同じ書架に並んでいることもあります。

新聞や雑誌で最新情報をチェック！

　前日に起こったことなら新聞やインターネット、1カ月前に起こったことなら雑誌で調べることが有効です。
　たとえば、サッカーの試合で日本人が大活躍したら、翌日のスポーツ新聞で試合の結果や状況、翌月のサッカーの雑誌では、選手のインタビューなどを交えたくわしい情報が伝えられます。数カ月してから、選手の生い立ちや考えをまとめた本が刊行されることもあります。

さまざまなジャンルの雑誌が並ぶ。

レファレンスサービスを利用する

図書館にはたくさんの本があり、知りたい情報を見つけるのもたいへん。そんなときには、図書館の専門家である司書に、どうやって探せばいいか聞いてみましょう。

司書は、本の探し方や本を使った調べ方を教えてくれる。

調べ方をアドバイスしてくれる！

図書館で、探している本が見つからないときは、司書に相談します。

司書は、本の探し方がわからない利用者に、どうやって探せばいいのか、調べ方を教えてくれます。このような図書館のサービスを「レファレンスサービス」といい、「図書館での調べもののお手伝い」を意味します。

司書は図書館にくわしいので、たとえば、本を探すときにはどんな順序でどこを探せばいいかなど、アドバイスをしてくれます。

子ども用のレファレンスカウンターがある図書館もある。

自分が探している本の情報を知っておく

レファレンスサービスとは、利用者が調べものをしているときに手助けをすることです。

司書に相談するときは、「自由研究のテーマを探したい」などというおおまかな内容ではなく、「カブトムシの飼い方について書かれた本はありますか?」というように、調べたいことを具体的に説明しましょう。そうすると、司書もアドバイスしやすいのです。

司書は、相談しながらいっしょに書架で本を探してくれることもあります。もし、その場で解決しなくても、調べて後日連絡してくれることもあります。

調べたいことが何なのかを具体的に説明しよう。

全国の図書館とつながっているレファレンスサービス

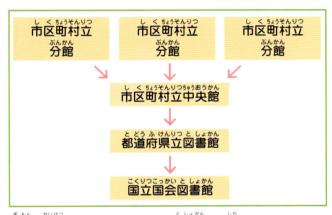
疑問が解決しなかったら、ほかの図書館でも調べてもらえる。

市区町村立の図書館の分館で、調べものを解決できなかった場合、いろいろなことに対応できる中央館に調べてもらうことができます。

中央館でもわからなかった場合、都道府県立の図書館なら、専門的なことが調べられます。そこでも解決できなかったときは、図書館を通して、国立国会図書館に問い合わせをすることもあります。

また、専門図書館や博物館、文学館などに調査をたのんだり、どの機関で調べればいいのかをアドバイスしてくれたりすることもあります。

自分が理解しやすい本を探す

図書館には、児童書のほかに、中学生や高校生向け、大人向け、専門家向けなど、利用者の年齢や知識に合わせた本がそろっています。

難易度に応じた本を選べることも、図書館の持ち味のひとつです。自分が理解しやすい本を探してみましょう。

知りたいことが、子ども向けの本に書かれていなくても、大人向けの本に書かれているかもしれません。内容が難しくてわからないときは、保護者などに聞いてみましょう。

図書館なら、利用者が難易度に合わせて本を選ぶことができる。

本の借り方、返し方

図書館では、特別な本をのぞいて貸出をすることができます。図書館によっては、貸出の決まりや貸出に便利なコンピュータがあります。

📖 図書館で本を借りるには利用者カードが必要

いちどに貸出できる本の冊数と貸出期間は、図書館によって決まっています。ひとりがいちどに借りられるのは、数冊から10冊くらいまで、借りられる期間は2週間や3週間という図書館が多いようです。

本を借りるときは、利用者カードが必要です。利用者カードの登録ができるのは、基本的にその図書館のある地域に住んでいる人や、その市区町村の学校や会社に通っている人です。

登録するのに住所や名前を確認できるものが必要なこともあります。まず、図書館員に登録方法を聞いてみましょう。

カードをつくるときに、カードの利用のしかたも教えてくれる。

📖 かんたんにできる貸出手続き

操作しやすいタッチパネルになっている自動貸出機。

利用者カードをつくったら、借りたい本を持ってカウンターに行き、貸出手続きをします。

図書館員が、利用者カードのバーコードと、本についているバーコードもしくはICタグの読み取りを行えば、借りることができます。誤って、貸出手続きをしないで外に出てしまうと、出入口にあるゲートの警報が鳴ることもあります（→27ページ）。

自分で手続きできる自動貸出機を置いている図書館もあります。

📖 カウンターや返却ポストでの返却

本を返すときは、貸出のときと同じように、カウンターに本を持って行きます。カウンターに持って行かずに、自分で書架にもどしてはいけません。カウンターで返却した本は、図書館員がもとの書架にもどしていきます。次の予約がある本や、ほかの図書館に返す本は、それに応じた手続きをしています。

図書館が閉まっているときには、「返却ポスト（ブックポスト）」に本を入れて返却します。返却ポストは、たいてい図書館の入口近くに設置されています。

ブックポストから本が返却されるようす。

📖 返却期限までに返せないときは、期間を延長できる

インターネットや電話で延長を申しこむこともできる。

借りた本は、返却期限までに返すのがルールです。本がもどってこなければ、次に借りたい人や読みたい人が困ってしまいます。

図書館によっては、返却期限が過ぎている本があると、それを返却するまで次の本を借りられなくなることもあります。

次に借りたい人の予約が入っていなければ、貸出期間を延長できる図書館もあります。

のぞいてみよう！ 駅に返却ポストを置く図書館もある

公共図書館のなかには、駅の中や駅の近くに返却ポストを置いている図書館もあります。都心などでは、駅は地域で利用する人がもっとも多い場所なので、電車に乗るついでに本を返すことができます。

東京都にある二子玉川駅の近くには「図書館カウンター」が置かれています。ここでは、返却だけでなく、インターネットで予約した本を借りることもできます。

駅の近くに設置された、本の返却ポスト。

パート3　図書館を利用するコツ

別の図書館から本を取り寄せる

図書館はネットワークでつながっています。近くの図書館に希望の本がなかったとしても、別の図書館にあれば、取り寄せできます。

図書館はネットワークでつながっている

検索機で本を探すとき、その図書館だけでなく、同じ市区町村の図書館に範囲を広げることができます。同じ市区町村の図書館にある本は、たいてい近くの図書館に取り寄せることができますし、予約してその図書館に取りに行くこともできます。

基本的に同じ都道府県内の公共図書館なら、県内のネットワークで取り寄せられる場合が多いようです。
図書館どうしはおたがいに協力していて、ほかの都道府県の図書館の本でも取り寄せられることもあるので、まず司書に相談してみましょう。

公共図書館どうしは、本をはじめとした資料を提供し合っている。他県の公共図書館や、大学図書館、国会図書館などから、資料を取り寄せられることもある。借りるだけでなく、近くの公共図書館の本がほかの図書館に貸出されることもある。

リクエストや予約ができる

読みたい本が、近くの図書館にない場合は、リクエストをすることができます。リクエストを受けた図書館では、その本をほかの図書館から借りたり、購入したりします。

近くの図書館で所蔵している本でも、人気のある本はすぐに貸出され、多くの予約が入ります。ただ、図書館は幅広い本をそろえなくてはならないので、いくら予約が多くても、同じ本ばかりたくさん購入することはできません。そんなときは、貸出中の本に予約をかけて、順番まで待ちましょう。

読みたい本が近くの図書館になかった場合、リクエストできる。

取り寄せる本は宅配便や巡回トラックで運ばれている

取り寄せられた本は、まとめてカウンターなどの棚に置かれる。

同じ市区町村の図書館から、本の取り寄せの連絡があった場合、宅配便や図書館を巡回するトラックで本が運ばれます。宅配便の場合は、図書館員が箱につめた本を集荷に出します。

本が取り寄せられたら、近くの図書館から利用者に連絡が来ます。本の取り寄せの依頼があった場合、取り寄せる先の図書館を探すのは、司書の仕事です。

都道府県内の図書館どうしの本の貸し借りは、都道府県立図書館を中心としたネットワークによって行われています。

必要な情報は全部メモしておこう

本を探すときやリクエストするときは、本のタイトルや著者名だけでなく、出版社やＩＳＢＮという本の固有番号がわかると、自分の読みたい本を特定することができます。

これらの情報をメモしておいたり、インターネットのページをプリントアウトしたり、自宅で購読している新聞や雑誌の広告や書評などを保存しておくとよいでしょう。

タイトル以外の情報があると、リクエストしやすい。

パート3 図書館を利用するコツ

プライバシーと著作権の決まり

知る権利やプライバシーの保護など、図書館が守る決まりや、著作権法という書いた人の権利を守る決まりがあります。

📙 図書館が支える、私たちの知る権利と自由

日本図書館協会は、「図書館の自由に関する宣言」という理念のなかで、国民には知る自由があって、図書館を利用することができるとうたっています。

戦前や戦時中、国の方針と異なる本を図書館に置かなかったことなどの反省をふまえて、図書館は集めて提供する自由がある、利用者の秘密を守る、権力者が資料を検査する「検閲」に反対する、と宣言しています。

多くの図書館に掲示されている、日本図書館協会の「図書館の自由に関する宣言」のポスター。

📙 貸出のデータは、返却したら削除される

本を返却すると、その本を借りていたというデータが消える。

図書館のコンピュータでは、本のデータと利用者のデータを結びつけて貸出をしています。これは個人情報なので、他人が知ることはありません。そして、本が返却されればふたつのデータは切り離されるので、だれが何を借りていたのかは、一切わからなくなるのです。

ですから、前に借りた本をまた読みたいと図書館で聞いても、過去の貸出の記録は残っていないので調べられません。気に入った本などは、返却する前にメモしておきましょう。

本には「著作権」という権利がある

本や雑誌、新聞などの内容には、著作権という権利が発生します。絵画や映像・音楽、ソフトウエアにも著作権があります。

ほかの人が書いた文章なのに、作者の許しを得ず、自分が書いたかのように丸写しをして発表したりすると、著作権を侵害したことになり、犯罪になります。

自由研究などでも、他人の文章と自分の考えは区別して書くようにしましょう。

本だけでなく、絵画なども著作権で守られている。

著作権のルールを守って引用しよう

すでに公表されている他人の文章は、「引用」という方法で、自分の文章のなかで使うことができます。

ただし、「 」（かぎかっこ）をつけるなど、自分の文章ではないことを示す、だれのどの本の文章なのかを明らかにする、などのルールを守る必要があります。

引用したときは、「出典」としてその本の著者名、タイトル、出版社名、刊行年、のっていたページなどをいっしょに書いておきましょう。著者名、タイトル、出版社名、刊行年は、本の最後にある「奥付」を見るとわかります。

本から引用した文章には、忘れずに「 」などをつけよう。

コピーできるのは本の半分まで

著作権は法律によって守られていますが、図書館では、個人の調査や研究のために使う場合、著者の許しを得なくてもコピー（複写）をとることができることになっています。

ただし、著作権法の決まりでは、図書館でコピーできるのは「著作物の一部分」となっており、一般的に本の半分以下とされています。200ページの本なら、100ページまでです。また、コピーできるのは、ひとり1部だけです。

図書館の本は、本の半分のページまでコピーできる。

パート3　図書館を利用するコツ

図書館ではルールやマナーを守ろう

図書館は、たくさんの人が利用します。みんなが気持ちよく利用できるように、また、ほかの人にめいわくをかけないようにすごしましょう。

📙 大声を出したり、走り回ったりしない

図書館は、たくさんの人が読書を楽しんだり、調べものをしたりする場所です。

大きな声でさわぐと、ほかの利用者にとっては、うるさくてめいわくになります。ですから、家族や友だちと話すときは、声が大きくなりすぎないように気をつけましょう。

また、館内で友だちと追いかけっこなどをして走り回ると、書架やほかの人にぶつかって、けがをしたり、だれかにけがをさせたりするかもしれません。

図書館内で走ると、ほかの利用者のめいわくになる。

📙 本をていねいにあつかおう

図書館の本は多くの人が利用するので、本には保護フィルムがかけられており、破れたり、よごれたりしにくくなっています。

だからといって、本を乱暴に取り出したり、放り投げたりして、雑にあつかってはいけません。

自分の本ではないので、らくがきや書きこみもしないようにしましょう。自分が本を開いたときに、らくがきや書きこみがあったら、読みづらくて困りますね。

だれもが気持ちよく読めるように、公共の財産である図書館の本はていねいにあつかいましょう。

破れていたり、落書きされていたりしたら、図書館員に伝えよう。

取り出した本は、もとの場所にもどす

図書館の書架にある本は、だれでも自由に手にとることができますが、書架から自分で取り出した本は、かならずもとの場所にもどしておきましょう。

もしも、本が別の書架に置かれていたら、どうなるでしょうか。分類番号や検索機の検索結果をもとに本を探している人は、目的の本を見つけることができません。

もどす場所がわからなくなってしまったら、図書館員に伝えましょう。

所定の場所にもどさないと、ほかの利用者が見つけられなくなる。

貴重品は持ち歩くなど、荷物に注意しよう

貴重品は持ち歩いて、携帯電話は音が鳴らないようにしよう。

図書館は、たくさんの人が利用する場所です。ほかの人のじゃまにならないよう、荷物をいすや机の上に置きっぱなしにしないようにしましょう。

閲覧席に荷物を置いて館内のほかの場所に行くときも、貴重品はつねに持ち歩きましょう。コインロッカーがある図書館もあります。

携帯電話を持っている場合は、図書館に入る前にマナーモードにします。通話するときは、ロビーや図書館の外、または館内の決められた場所でするようにしましょう。

飲食は決められた場所でする

図書館の中でものを食べたり飲んだりできるのは、休けい室や喫茶室のみと決められている場合が多いようです。

ただ、熱中症にならないよう、ペットボトルや水筒のような、ふたつきの飲みものなら、閲覧席などで飲んでもいいとする図書館もあるようです。

その図書館の決まりごとを守って飲食しましょう。

飲食は、休けい室などを利用しよう。

パート3　図書館を利用するコツ

50音順 さくいん

あ

- ICタグ …………………………… 19,23,54
- ICタグリーダー ………………………… 23
- 味の素食の文化ライブラリー …………… 9
- 一般書コーナー ……………………… 10,12,24
- 移動式の書架 ……………………………… 26
- 移動図書館 ………………………………… 9
- インターネット ……………… 13,47,51,55,57
- インターネットコーナー …………………… 10,13
- 引用 ……………………………………… 59
- ヴァスコンセロス図書館 ………………… 42
- 閲覧席 …………………………………… 11,12,61
- NDC（日本十進分類法） ……… 21,25,45,48,49
- 延長 ……………………………………… 55
- おすすめの本 …………………………… 11,38,39
- おはなし会 ……………………………… 33,39

か

- カウンター ……………… 10,17,30,31,32,35,37,55,57
- 拡大読書器 ……………………………… 27
- 学校図書館 ……………………………… 8,56
- 神奈川県立川崎図書館 …………………… 28
- 金沢海みらい図書館 ……………………… 42
- 巻冊記号 ………………………………… 21
- キーワード …………………………… 13,45,48,51
- 行事 …………………………………… 33,34,38,50
- 京都国際マンガミュージアム ……………… 9
- 郷土資料 …………………………… 8,10,15,41
- 禁帯出 …………………………………… 15,46
- 検索 ……………………… 13,32,44,45,46,47,48,51
- 検索機 ………………… 3,10,44,46,47,48,56,61
- 幻想図書館 ……………………………… 42
- 綱 ………………………………………… 21

公共図書館 …………… 8,10,13,28,35,37,41,55,56
- 国際教養大学中嶋記念図書館 ……………… 42
- 国際子ども図書館 ………………………… 9
- 国立国会図書館 ………………… 8,9,41,53,56
- コピー（複写） ……………………………… 13,59
- コピー（複写）機 …………………………… 10,13
- コンピュータ ………………… 19,22,23,44,54,58

さ

- 雑誌 ……………… 11,13,16,17,19,26,28,30,51,57
- 雑誌コーナー ……………………………… 11,26
- 参考文献 ………………………………… 51
- CD ……………………………………… 16,17
- CD-ROM ………………………………… 17
- 司書 ……… 3,10,13,36,37,45,47,49,50,52,53,56,57
- 視聴覚コーナー …………………………… 17
- 事典（辞典） ……………………… 2,14,15,16,50,51
- 自動貸出機 ……………………………… 54
- 児童書コーナー …………………………… 11,24
- 修理 …………………………………… 31,40,41
- 縮刷版 …………………………………… 17
- 書架 …………… 2,12,19,20,24,26,30,31,34,35,37,
  42,46,47,48,49,50,55,61
- 書庫 …………………………… 11,16,26,32,37,46
- 私立図書館 ……………………………… 28

新刊コーナー	11,19
新聞	12,13,16,17,30,51
新聞コーナー	11,12,30
図鑑	2,14,45,50
請求記号	21
整理	13,19
選書会議	18,32
専門図書館	8,9,53
蔵書	18,19,23,28,32,37,41,44,47
蔵書点検	23,34
装備	19

た

大英図書館	42
大学図書館	8,37,56
大活字本	27
地図	8,14,15,41
著作権	41,58,59
著作権法	13,58,59
ＤＤＣ（デューイ十進分類法）	21
ＤＶＤ	16,17
ティーンズコーナー	25,37
点字図書	17
統計資料	14,15
図書館の自由に関する宣言	58
図書館法	8
図書記号	21

な

年鑑	14,15

は

バーコード	19,22,23,32,54
バーコードリーダー	22,23
白書	14,15
パソコン	13,17,22,41,46,47
バックナンバー	16,26
ピジョンボックス	26
百科事典	13,14,51
ブックトラック	27
プライバシー	58
分類番号	21,48,61
返却期限	22,31,35,55
返却ポスト	30,55
ホームページ	31,33,47
ボランティア	33,39

ま

無料の原則	8
目	21

や

予約	31,32,47,55,56,57

ら

リクエスト	18,57
利用者カード	9,22,32,47,54
類	21
レファレンスサービス	36,47,52,53
録音図書	17